Utilize este código QR para se cadastrar de forma mais rápida:

Ou, se preferir, entre em:

www.moderna.com.br/ac/livroportal

e siga as instruções para ter acesso aos conteúdos exclusivos do Portal e Livro Digital

CÓDIGO DE ACESSO:

A 00200 BUPARTE1E 2 38585

Faça apenas um cadastro. Ele será válido para:

Da semente ao livro,
sustentabilidade por todo o caminho

Plantar florestas
A madeira que serve de matéria-prima para nosso papel vem de plantio renovável, ou seja, não é fruto de desmatamento. Essa prática gera milhares de empregos para agricultores e ajuda a recuperar áreas ambientais degradadas.

Fabricar papel e imprimir livros
Toda a cadeia produtiva do papel, desde a produção de celulose até a encadernação do livro, é certificada, cumprindo padrões internacionais de processamento sustentável e boas práticas ambientais.

Criar conteúdos
Os profissionais envolvidos na elaboração de nossas soluções educacionais buscam uma educação para a vida pautada por curadoria editorial, diversidade de olhares e responsabilidade socioambiental.

Taciro Comunicação, Alexandre Santana e Estúdio Pingado

Construir projetos de vida
Oferecer uma solução educacional Moderna é um ato de comprometimento com o futuro das novas gerações, possibilitando uma relação de parceria entre escolas e famílias na missão de educar!

Apoio:

Fotografe o Código QR e conheça melhor esse caminho.
Saiba mais em *moderna.com.br/sustentavel*

BURITI Plus ARTE 2

Organizadora: Editora Moderna
Obra coletiva concebida, desenvolvida e produzida pela Editora Moderna.

Editora Executiva:
Marisa Martins Sanchez

NOME: ....

....TURMA: ....

ESCOLA: ....

....

1ª edição

© Editora Moderna, 2018

MODERNA

Elaboração dos originais:

Ligia Aparecida Ricetto
Licenciada em Pedagogia pela Universidade Paulista. Editora.

Francione Oliveira Carvalho
Bacharel em Artes Cênicas pela Faculdade de Artes do Paraná. Licenciado em Educação Artística, com habilitação na disciplina de Artes Cênicas, pelo Centro Universitário Belas Artes de São Paulo. Mestre e doutor em Educação, Arte e História da Cultura pela Universidade Presbiteriana Mackenzie. Pesquisador do Diversitas – Núcleo de Estudos das Diversidades, Intolerâncias e Conflitos da FFLCH/USP, onde realizou pós-doutoramento. Atua no Ensino Superior na formação de professores.

Marisa Martins Sanchez
Licenciada em Letras pelas Faculdades São Judas Tadeu. Professora de Português em escolas públicas e particulares de São Paulo por 11 anos. Editora.

Samir Thomaz
Bacharel em Comunicação Social pela Faculdade Cásper Líbero. Autor de obras de ficção e não ficção para o público juvenil e adulto. Editor.

Jogo de apresentação das *7 atitudes* para a vida

Gustavo Barreto
Formado em Direito pela Pontifícia Universidade Católica (SP). Pós-graduado em Direito Civil pela mesma instituição. Autor dos jogos de tabuleiro (*boardgames*) para o público infantojuvenil: Aero, Tinco, Dark City e Curupaco.

Coordenação editorial: Ligia Aparecida Ricetto
Edição de texto: Ligia Aparecida Ricetto, Leonilda Pereira Simões
Gerência de *design* e produção gráfica: Everson de Paula
Coordenação de produção: Patricia Costa
Suporte administrativo editorial: Maria de Lourdes Rodrigues
Coordenação de *design* e projetos visuais: Marta Cerqueira Leite
Projeto gráfico: Daniel Messias, Daniela Sato, Mariza de Souza Porto
Capa: Mariza de Souza Porto e Daniela Sato
Ilustração de capa: Raul Aguiar
Coordenação de arte: Wilson Gazzoni Agostinho
Edição de arte: Renata Susana Rechberger
Editoração eletrônica: Grapho Editoração
Coordenação de revisão: Elaine C. del Nero, Maristela S. Carrasco
Revisão: Dirce Y. Yamamoto, Érika Kurihara, Marina Oliveira, Sandra G. Cortés, Tatiana Malheiro
Coordenação de pesquisa iconográfica: Luciano Baneza Gabarron
Pesquisa iconográfica: Carol Böck, Marcia Sato, Maria Marques
Coordenação de *bureau*: Rubens M. Rodrigues
Tratamento de imagens: Fernando Bertolo, Marina M. Buzzinaro, Luiz Carlos Costa, Joel Aparecido
Pré-impressão: Alexandre Petreca, Everton L. de Oliveira, Marcio H. Kamoto, Vitória Sousa
Coordenação de produção industrial: Wendell Monteiro
Impressão e acabamento: Ricargraf
Lote: 752392
Cod: 12113230

Dados Internacionais de Catalogação na Publicação (CIP)
(Câmara Brasileira do Livro, SP, Brasil)

Buriti plus arte / organizadora Editora Moderna ; obra coletiva concebida, desenvolvida e produzida pela Editora Moderna . — 1. ed. — São Paulo : Moderna, 2018. (Projeto Buriti)

Obra em 5 v. para alunos do 1º ao 5º ano.

1. Arte (Ensino fundamental) I. Série.

18-16396   CDD-372.5

Índices para catálogo sistemático:
1. Arte : Ensino fundamental   372.5

Maria Alice Ferreira — Bibliotecária — CRB-8/7964

ISBN 978-85-16-11323-0 (LA)
ISBN 978-85-16-11324-7 (GR)

Reprodução proibida. Art. 184 do Código Penal e Lei 9.610 de 19 de fevereiro de 1998.
Todos os direitos reservados
EDITORA MODERNA LTDA.
Rua Padre Adelino, 758 – Belenzinho
São Paulo – SP – Brasil – CEP 03303-904
Vendas e Atendimento: Tel. (0_ _11) 2602-5510
Fax (0_ _11) 2790-1501
www.moderna.com.br
2022
Impresso no Brasil

1 3 5 7 9 10 8 6 4 2

QUE TAL COMEÇAR O ANO CONHECENDO SEU LIVRO?

VEJA NAS PÁGINAS 6 A 9 COMO ELE ESTÁ ORGANIZADO.

NAS PÁGINAS 8 E 9, VOCÊ FICA SABENDO OS ASSUNTOS QUE VAI ESTUDAR.

NESTE ANO, TAMBÉM VAI CONHECER E COLOCAR EM AÇÃO ALGUMAS ATITUDES QUE AJUDARÃO VOCÊ A CONVIVER MELHOR COM AS PESSOAS E A SOLUCIONAR PROBLEMAS.

7 ATITUDES PARA A VIDA

APROVEITE O QUE JÁ SABE!
USE O QUE APRENDEU ATÉ HOJE PARA RESOLVER UMA QUESTÃO.

FAÇA PERGUNTAS!
NÃO ESCONDA SUAS DÚVIDAS NEM SUA CURIOSIDADE. PERGUNTE SEMPRE.

TENTE OUTROS CAMINHOS!
PROCURE JEITOS DIFERENTES PARA RESOLVER A QUESTÃO.

VÁ COM CALMA!
NÃO TENHA PRESSA. PENSE BEM ANTES DE FAZER ALGUMA COISA.

ORGANIZE SEUS PENSAMENTOS ANTES DE FALAR OU ESCREVER!
CAPRICHE NA HORA DE EXPLICAR SUAS IDEIAS.

OUÇA AS PESSOAS COM RESPEITO E ATENÇÃO!
REFLITA SOBRE O QUE ESTÁ SENDO DITO.

SEJA CRIATIVO!
INVENTE, USE SUA IMAGINAÇÃO.

NAS PÁGINAS 4 E 5, HÁ UM JOGO PARA VOCÊ COMEÇAR A PRATICAR CADA UMA DESSAS ATITUDES. DIVIRTA-SE!

CORRIDA DE CANETAS

REÚNA-SE COM UM COLEGA.

VOCÊS VÃO PRECISAR DAS PISTAS DE CORRIDA DAS PÁGINAS 97 A 100 E DE DUAS CANETAS ESFEROGRÁFICAS DE CORES DIFERENTES.

COMECEM DESTACANDO AS PÁGINAS 97 E 98.

- **USANDO A PISTA DE CORRIDA 1 (SEM FIGURAS GEOMÉTRICAS)**

SERÁ MELHOR COLOCAR A FOLHA SOBRE UMA SUPERFÍCIE DURA (MESA OU CHÃO).

O PRIMEIRO JOGADOR COLOCA A PONTA DA CANETA EM CIMA DA LINHA DE SAÍDA DA PISTA. A CANETA DEVE FICAR UM POUCO INCLINADA.

COM O DEDO INDICADOR EMPURRE A CANETA PARA BAIXO E SOLTE-A. ELA FARÁ UM RISCO NA PISTA.

FAÇA UMA BOLINHA NO FINAL DESSA LINHA. ESSE FOI O ESPAÇO QUE VOCÊ PERCORREU.

AGORA, É A VEZ DO OUTRO JOGADOR, QUE VAI FAZER A MESMA COISA.

NA PRÓXIMA VEZ QUE JOGAR, VOCÊ DEVERÁ APOIAR A CANETA NA BOLINHA QUE DESENHOU.

NÃO VALE SAIR DA PISTA! SE SAIR, NA PRÓXIMA JOGADA, PARTA DO PONTO ANTERIOR.

O PRIMEIRO JOGADOR QUE ALCANÇAR A LINHA DE CHEGADA GANHA O JOGO!

ILUSTRAÇÕES: VICENTE MENDONÇA

- **USANDO A PISTA DE CORRIDA 2 (COM FIGURAS GEOMÉTRICAS)**

    TODA VEZ QUE O RISCO PASSAR EM CIMA DE UM **CÍRCULO**, VOCÊ PODERÁ CONTINUAR A CORRIDA NO PRÓXIMO CÍRCULO.

    TODA VEZ QUE O RISCO PASSAR EM CIMA DE UM **QUADRADO**, VOCÊ PODERÁ JOGAR NOVAMENTE.

    TODA VEZ QUE O RISCO PASSAR EM CIMA DE UM **TRIÂNGULO**, VOCÊ DEVERÁ VOLTAR À LARGADA!

- **USANDO AS PISTAS DE CORRIDA 3 E 4**

    DESTAQUEM AS PÁGINAS 99 E 100.

    NAS PISTAS 3 E 4, VOCÊ E SEU COLEGA INVENTAM AS REGRAS.

DURANTE O JOGO, FIQUE ATENTO A ESTAS ATITUDES.

VÁ COM CALMA!
POSICIONE A CANETA COM ATENÇÃO E CUIDADO PARA NÃO SAIR DA PISTA.

ORGANIZE SEUS PENSAMENTOS!
VEJA SE TEM ALGUM CÍRCULO OU ALGUM QUADRADO PARA VOCÊ APROVEITAR A VANTAGEM. CUIDADO COM O TRIÂNGULO!

TENTE OUTROS CAMINHOS!
SE O MODO COMO VOCÊ POSICIONOU A CANETA NÃO FOI O MELHOR, TENTE DE OUTRO JEITO NA PRÓXIMA JOGADA.

FAÇA PERGUNTAS!
SE NÃO ENTENDEU ALGUMA COISA, PERGUNTE AO PROFESSOR.

APROVEITE O QUE JÁ SABE!
LEMBRE-SE DE QUE JÁ APRENDEU A MELHOR FORMA DE SEGURAR A CANETA PARA VOCÊ IR MAIS LONGE NAS PRÓXIMAS JOGADAS.

SEJA CRIATIVO!
CRIE AS REGRAS PARA O JOGO FICAR AINDA MAIS LEGAL.

OUÇA AS PESSOAS COM ATENÇÃO E RESPEITO!
QUANDO FOR ESCREVER A REGRA COM SEU COLEGA, OUÇA O QUE ELE TEM A DIZER.

CONHEÇA SEU LIVRO

VEJA COMO ESTÁ ORGANIZADO SEU LIVRO DE ARTE.

ABERTURA

REPRODUÇÕES DE PINTURAS, ESCULTURAS E FOTOGRAFIAS PARA VOCÊ OBSERVAR, APRECIAR E CONVERSAR COM OS COLEGAS.

SIGNIFICADO DE PALAVRAS LIGADAS À ARTE E AOS ASSUNTOS ESTUDADOS.

DE OLHO NA IMAGEM

NESTA SEÇÃO, VOCÊ APRECIA REPRODUÇÕES DE OBRAS DE ARTE E CONHECE UM POUCO MAIS SOBRE ELAS.

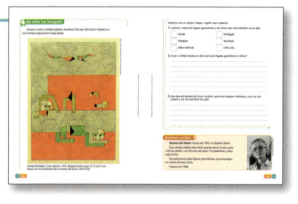

MÃOS À OBRA

HORA DE FAZER ATIVIDADES ARTÍSTICAS, SOZINHO OU COM SEUS COLEGAS.

CONHEÇA O ARTISTA

VOCÊ VAI CONHECER A BIOGRAFIA DE ALGUNS ARTISTAS.

6

MUSICANDO

AQUI VOCÊ AMPLIA SEUS CONHECIMENTOS SOBRE SONS E MÚSICA.

PARA FAZER COM OS COLEGAS

VOCÊ E SEUS COLEGAS VÃO FAZER ATIVIDADES ARTÍSTICAS JUNTOS.

VAMOS LER

INDICAÇÃO DE LIVROS PARA AMPLIAR SEUS CONHECIMENTOS.

ÍCONES UTILIZADOS

PARA INDICAR COMO REALIZAR ALGUMAS ATIVIDADES:

 ATIVIDADE ORAL

 ATIVIDADE EM DUPLA

 ATIVIDADE EM GRUPO

 DESENHO OU PINTURA

PARA INDICAR OBJETOS DIGITAIS:

PARA INDICAR HABILIDADES QUE VOCÊ VAI USAR PARA SE RELACIONAR MELHOR COM OS OUTROS E CONSIGO MESMO:

SUMÁRIO

UNIDADE 1 — O ESPETÁCULO VAI COMEÇAR... 10

CAPÍTULO 1: TEATRO DE SOMBRAS 12
A INVENÇÃO DO TEATRO DE SOMBRAS 13
MÃOS À OBRA 15
• MUSICANDO 16
DE OLHO NA IMAGEM 19
CONHEÇA A ARTISTA – KUMI YAMASHITA 19
CAPÍTULO 2: TEATRO DE BONECOS 20
TEATRO DE MAMULENGOS 22
MÃOS À OBRA 23
• PARA FAZER COM OS COLEGAS 24

DIVULGAÇÃO/VOIR & VALENTINA PRODUÇÕES

UNIDADE 2 — TEATRO 26

CAPÍTULO 1: TEATRO GREGO 28
MÃOS À OBRA 32
MÁSCARAS 33
MÃOS À OBRA 35
CAPÍTULO 2: ELEMENTOS DO TEATRO 37
TEXTO TEATRAL 39
CONHEÇA O ARTISTA – JOSÉ CARLOS ARAGÃO 42
FIGURINO E MAQUIAGEM 43
  FIGURINO 43
MÃOS À OBRA 44
  MAQUIAGEM 44
MÃOS À OBRA 45
SONOPLASTIA E CENOGRAFIA 46
  SONOPLASTIA 46
  CENOGRAFIA 46
MÃOS À OBRA 47
• PARA FAZER COM OS COLEGAS 49

8

UNIDADE 3 — ARTE EM TODO LUGAR 50

CAPÍTULO 1: COMO AS MORADIAS SÃO INVENTADAS 52
MÃOS À OBRA 57
ALGUNS TIPOS DE ARQUITETURA 58
MÃOS À OBRA 61
CAPÍTULO 2: PROJETANDO MORADIAS 62
MÃOS À OBRA 66
CASAS DE ARTISTA 67
CONHEÇA O ARTISTA – VINCENT VAN GOGH 69
MÃOS À OBRA 69
CONHEÇA O ARTISTA – CLAUDE MONET 72
MÃOS À OBRA 72
CONHEÇA O ARTISTA – CARLOS PÁEZ VILARÓ 74
MÃOS À OBRA 75

UNIDADE 4 — LINHAS E FORMAS 76

CAPÍTULO 1: LINHAS 78
MÃOS À OBRA 81
● MUSICANDO 82
CAPÍTULO 2: FIGURAS GEOMÉTRICAS 85
MÃOS À OBRA 87
MÚSICA INSPIRANDO OUTRAS ARTES 88
DE OLHO NA IMAGEM 90
CONHEÇA O ARTISTA – DIONÍSIO DEL SANTO 91
● PARA FAZER COM OS COLEGAS 92
VAMOS LER 94

UNIDADE 1
O ESPETÁCULO VAI COMEÇAR...

CONVERSE COM OS COLEGAS.

1. O QUE A FOTOGRAFIA MOSTRA?
2. VOCÊ JÁ VIU UM ESPETÁCULO PARECIDO COM ESSE? ONDE?

APRESENTAÇÃO DE TEATRO DE SOMBRAS EM BEIJING, TAMBÉM CONHECIDA COMO PEQUIM, CAPITAL DA CHINA.

CAPÍTULO 1 — TEATRO DE SOMBRAS

O TEATRO DE SOMBRAS, CRIADO NA CHINA, ESTÁ PRESENTE EM TODO O MUNDO.

NESSE TIPO DE ESPETÁCULO, SOMBRAS SÃO PROJETADAS EM UMA TELA OU EM UMA PAREDE E CONTAM UMA HISTÓRIA.

ESSAS SOMBRAS PODEM SER CRIADAS COM AS MÃOS OU COM BONECOS.

SOMBRAS DE BONECOS PROJETADAS EM UMA TELA.

CRIANÇAS DE BEIJING BRINCAM COM BONECOS DO TEATRO DE SOMBRAS.

BONECO DE TEATRO DE SOMBRAS E AS VARETAS QUE SERVEM PARA MOVÊ-LO.

CONVERSE COM OS COLEGAS SOBRE HISTÓRIAS QUE VOCÊ CONHECE: CONTOS DE FADAS, DESENHOS ANIMADOS, SERIADOS DE TV. DEPOIS, RESPONDA À QUESTÃO A SEGUIR.

SEJA CRIATIVO!
INVENTE, USE SUA IMAGINAÇÃO.

- QUAL DESSAS HISTÓRIAS VOCÊ GOSTARIA DE CONTAR USANDO A TÉCNICA DO TEATRO DE SOMBRAS?

_____
_____
_____

A INVENÇÃO DO TEATRO DE SOMBRAS

DE ACORDO COM UMA LENDA CHINESA, O TEATRO DE SOMBRAS SURGIU NA ÉPOCA DO IMPERADOR WU-TI.

O IMPERADOR ESTAVA MUITO TRISTE COM A MORTE DE SUA BAILARINA PREFERIDA E EXIGIU QUE O MÁGICO DA CORTE A TROUXESSE DE VOLTA.

O MÁGICO BOLOU UM PLANO DURANTE A NOITE: RECORTOU A FORMA DE UMA BAILARINA EM UMA PELE DE PEIXE E USOU VARETAS PARA MOVIMENTAR A PELE.

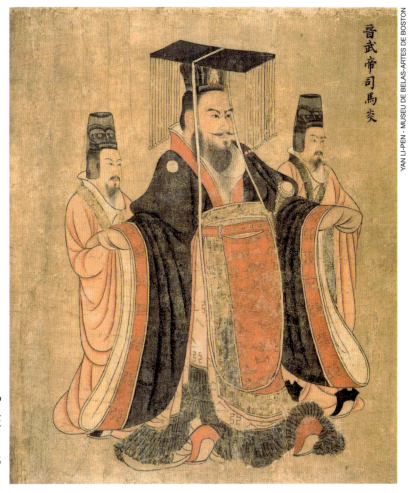

YAN LI-PEN. *O IMPERADOR WU-TI*, SEM DATA. NANQUIM E TINTA SOBRE SEDA, 51 x 53 CM. MUSEU DE BELAS-ARTES DE BOSTON, EUA.

13

QUANDO O SOL NASCEU, O MÁGICO ESTICOU UMA CORTINA BRANCA NO MEIO DA RUA EM FRENTE AO PALÁCIO E PEDIU AO IMPERADOR E ÀS PESSOAS DA CORTE QUE FOSSEM ATÉ A VARANDA. DEPOIS, COLOCOU A PELE DE PEIXE RECORTADA ATRÁS DA CORTINA E COMEÇOU A MANIPULÁ-LA.

MANIPULAR: PÔR EM MOVIMENTO COM AS MÃOS.

TODOS FICARAM ESPANTADOS QUANDO A BAILARINA APARECEU DANÇANDO GRACIOSAMENTE ATRÁS DA CORTINA.

ASSIM, O MÁGICO CRIOU O FAMOSO TEATRO DE SOMBRAS.

 DESENHE COMO VOCÊ IMAGINA QUE A BAILARINA DO IMPERADOR WU-TI DANÇAVA.

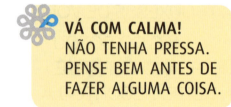

VÁ COM CALMA! NÃO TENHA PRESSA. PENSE BEM ANTES DE FAZER ALGUMA COISA.

MÃOS À OBRA

VOCÊ TAMBÉM PODE CRIAR IMAGENS COMO AS DO TEATRO DE SOMBRAS USANDO APENAS AS MÃOS E UMA LANTERNA.

VEJA ALGUNS EXEMPLOS DE SOMBRAS DE BICHOS QUE VOCÊ PODE FORMAR.

AUDIOVISUAL
TEATRO DE SOMBRAS

PÁSSARO.

CARACOL.

CISNE.

GATO.

CACHORRO.

GALO.

ILUSTRAÇÕES: ALAN CARVALHO

MUSICANDO

É DIFÍCIL SABER EXATAMENTE COMO A BAILARINA DO IMPERADOR WU-TI DANÇAVA, MAS NO BALÉ *O QUEBRA-NOZES*, DO COMPOSITOR PIOTR TCHAIKOVSKY, HÁ UM TRECHO CHAMADO "A DANÇA CHINESA". NESSA PARTE DO BALÉ, PODEMOS VER BAILARINOS VESTIDOS COMO CHINESES DANÇANDO.

ESSE BALÉ CONTA A HISTÓRIA DE CLARA, UMA MENINA QUE GANHOU UM QUEBRA-NOZES DE MADEIRA COM FORMATO DE SOLDADINHO.

QUEBRA-NOZES, UTENSÍLIO USADO PARA QUEBRAR FRUTOS COMO AVELÃS E AMÊNDOAS.

CLARA GOSTOU TANTO DO PRESENTE QUE, AO DORMIR, SONHOU QUE O SOLDADINHO ESTAVA VIVO E QUE JUNTOS VISITAVAM O REINO DOS DOCES. NESSE REINO, CONVIDADOS PELA FADA AÇUCARADA, ELES ASSISTIRAM A UMA APRESENTAÇÃO DE DANÇAS DE VÁRIOS PAÍSES.

OBSERVE FOTOGRAFIAS DE APRESENTAÇÕES DIFERENTES DE "A DANÇA CHINESA" E LEIA AS LEGENDAS.

BALÉ CONSTANCE BANNISTER CORP, EUA. FOTO DE 1943.

BALÉ NACIONAL DA HUNGRIA. FOTO DE 2014.

VAMOS TESTAR?

1. NAS IMAGENS ACIMA, OS BAILARINOS ESTÃO VESTIDOS DE MANEIRAS DIFERENTES PARA DANÇAR O MESMO TRECHO DO BALÉ. ASSINALE POR QUE ISSO ACONTECE.

   ☐ PORQUE SÃO BALÉS DE PAÍSES DIFERENTES.

   ☐ PORQUE SÃO BALÉS DE ÉPOCAS DIFERENTES.

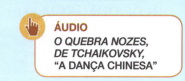
ÁUDIO
O QUEBRA NOZES, DE TCHAIKOVSKY, "A DANÇA CHINESA"

2. QUE TAL OUVIR "A DANÇA CHINESA" DO BALÉ *O QUEBRA-NOZES*? DEPOIS SIGA AS ORIENTAÇÕES DO PROFESSOR.

3. ESSES INSTRUMENTOS FORAM USADOS PARA TOCAR "A DANÇA CHINESA". LEIA O NOME DELES E OUÇA O SOM QUE PRODUZEM.

ÁUDIO
CLAVES, FLAUTA, PANDEIRO, TAMBORIM, TRIÂNGULO, VIOLINO

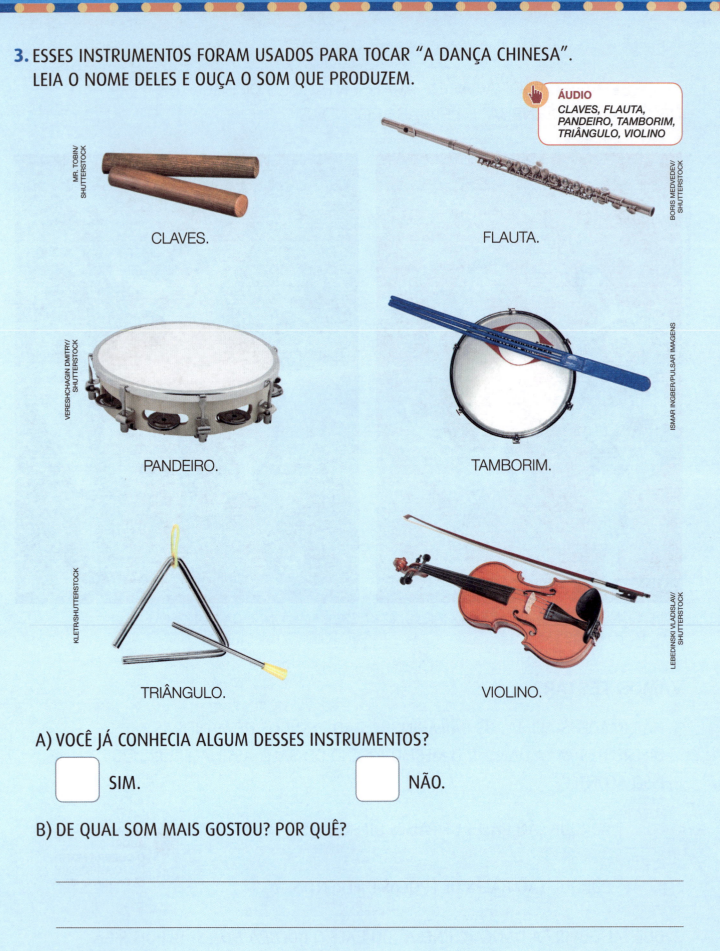

CLAVES.

FLAUTA.

PANDEIRO.

TAMBORIM.

TRIÂNGULO.

VIOLINO.

A) VOCÊ JÁ CONHECIA ALGUM DESSES INSTRUMENTOS?

☐ SIM.   ☐ NÃO.

B) DE QUAL SOM MAIS GOSTOU? POR QUÊ?

_____

_____

DE OLHO NA IMAGEM

A ARTISTA KUMI YAMASHITA CRIA OBRAS DE ARTE PROJETANDO LUZ SOBRE OBJETOS COMUNS. OBSERVE UMA DAS OBRAS DELA.

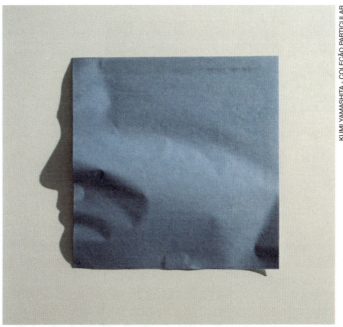

KUMI YAMASHITA - COLEÇÃO PARTICULAR

KUMI YAMASHITA. *ORIGAMI AZUL*, 2011. PAPEL JAPONÊS, FONTE DE LUZ DE DIREÇÃO ÚNICA E SOMBRA, 36,6 x 36,6 CM. COLEÇÃO PARTICULAR.

AGORA, CONVERSE COM OS COLEGAS.

1. O QUE VOCÊ VÊ NESSA IMAGEM?
2. QUAL É A RELAÇÃO DESSA OBRA COM O TEATRO DE SOMBRAS?

 ORGANIZE SEUS PENSAMENTOS ANTES DE FALAR OU ESCREVER! CAPRICHE NA HORA DE EXPLICAR SUAS IDEIAS.

CONHEÇA O ARTISTA

A ARTISTA PLÁSTICA **KUMI YAMASHITA** NASCEU NO JAPÃO EM 1968. ESTUDOU NOS ESTADOS UNIDOS, ONDE SE FORMOU EM ARTE. ELA CRIA OBRAS COM OBJETOS QUE, AO SEREM ILUMINADOS, FORMAM FIGURAS.

BRYAN BEDDER/GETTY IMAGES FOR FX NETWORKS

CAPÍTULO 2 — TEATRO DE BONECOS

O TEATRO PODE SER FEITO DE MUITAS MANEIRAS: COM ATORES, BONECOS E ATÉ COM OBJETOS QUE USAMOS DIARIAMENTE. OBSERVE.

CENA DA PEÇA *A BELA E A FERA*, EM BUENOS AIRES, NA ARGENTINA, COM ATORES DESEMPENHANDO OS PAPÉIS.

APRESENTAÇÃO DO TEATRO DE BONECOS TAILANDÊS EM QUE OS MANIPULADORES APARECEM, EM GERAL, USANDO ROUPAS ESCURAS E MÁSCARAS.

NA PEÇA *ZOO-ILÓGICO*, DA CIA. TRUKS, DE SÃO PAULO, OS ATORES MANIPULAM OBJETOS.

OBSERVE NAS IMAGENS ALGUNS TIPOS DE BONECO USADOS NO TEATRO.

OS FANTOCHES TÊM O CORPO PARECIDO COM UMA LUVA, QUE É VESTIDA NA MÃO E EM PARTE DO BRAÇO DO MANIPULADOR.

A MARIONETE DE FIO É UM BONECO MOVIDO POR FIOS.

BONECO MANIPULADO POR UM VENTRÍLOCO.

OS BONECOS DE SOMBRAS TÊM O CORPO ACHATADO E SÃO MANIPULADOS POR MEIO DE VARAS.

VENTRÍLOCO: ARTISTA QUE PROJETA A VOZ SEM MOVER OS LÁBIOS, DE FORMA QUE O SOM PARECE VIR DO BONECO QUE ELE MANIPULA.

TEATRO DE MAMULENGOS

NO BRASIL, O TEATRO DE BONECOS CHAMADOS DE MAMULENGOS É MUITO POPULAR EM ALGUMAS REGIÕES. NO NORDESTE, EXISTE UMA TRADIÇÃO DE MESTRES MAMULENGUEIROS, QUE PRODUZEM OS BONECOS E FAZEM APRESENTAÇÕES COM ELES. OS MAMULENGUEIROS TAMBÉM SÃO CHAMADOS DE BRINCANTES.

EM PERNAMBUCO, O MESTRE JOSÉ ERMÍRIO DA SILVA, CONHECIDO COMO MIRO DOS BONECOS, USA MADEIRA, BARBANTE, TINTA E UM TECIDO CHAMADO CHITA PARA PRODUZIR SEUS MAMULENGOS.

NO DIA 5 DE MARÇO DE 2015, O TEATRO DE BONECOS POPULAR DO NORDESTE FOI RECONHECIDO COMO PATRIMÔNIO CULTURAL BRASILEIRO PELO INSTITUTO DO PATRIMÔNIO HISTÓRICO E ARTÍSTICO NACIONAL (IPHAN).

> **PATRIMÔNIO:** BENS PERTENCENTES A UMA PESSOA, A UMA INSTITUIÇÃO OU A UM POVO.

APRESENTAÇÃO DO GRUPO DE TEATRO MAMULENGO PRESEPADA NO ESPETÁCULO *MATEUS DA LELÉ BICUDA*, EM BRASÍLIA (DF).

MÃOS À OBRA

AGORA, EM GRUPO, VOCÊS VÃO CRIAR ALGUNS MAMULENGOS PARA REPRESENTAR HISTÓRIAS.

MATERIAIS

- 1 MEIA DE ADULTO
- COLA
- RETALHOS DE TECIDO
- RESTOS DE FIOS DE LÃ
- CANETAS HIDROCOR
- BOLINHA DE ISOPOR DE 4 CM
- TESOURA COM PONTAS ARREDONDADAS
- ELÁSTICO DE BORRACHA

COMO FAZER

1. COLOQUEM A BOLINHA DE ISOPOR DENTRO DA MEIA.

2. PUXEM A PONTA DA MEIA PARA QUE ELA FIQUE ESTICADA EM VOLTA DA BOLINHA.

3. COM A AJUDA DE UM COLEGA, PRENDAM A BOLINHA COM O ELÁSTICO.

4. DESENHEM A FACE DE SEU MAMULENGO COM AS CANETINHAS.

5. SE QUISEREM, COLOQUEM CABELOS COLANDO FIOS DE LÃ.

6. VISTA O MAMULENGO NA MÃO E ENCENE ALGO BEM DIVERTIDO PARA OS COLEGAS.

PARA FAZER COM OS COLEGAS

APROVEITEM AS HISTÓRIAS QUE CONHECEM PARA MONTAR UMA APRESENTAÇÃO UTILIZANDO A TÉCNICA DO TEATRO DE SOMBRAS.

> **OUÇA AS PESSOAS COM RESPEITO E ATENÇÃO!** REFLITA SOBRE O QUE ESTÁ SENDO DITO!

MATERIAIS

- CAIXA GRANDE DE PAPELÃO
- PEDAÇO DE PLÁSTICO LEITOSO
- FITA ADESIVA
- TESOURA COM PONTAS ARREDONDADAS
- LÁPIS BRANCO
- CARTOLINA PRETA
- VARETAS DE PIPA
- LANTERNA

COMO FAZER O PALCO

1

O PROFESSOR VAI TRAZER A CAIXA SEM AS ABAS E COM O FUNDO RECORTADO.

2

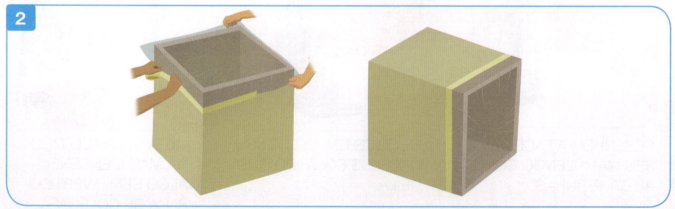

ESTIQUEM O PLÁSTICO NO FUNDO DA CAIXA E PRENDAM COM A FITA ADESIVA.

COMO FAZER AS PERSONAGENS

DE ACORDO COM A HISTÓRIA QUE PRETENDEM CONTAR, DESENHEM AS PERSONAGENS NA CARTOLINA E RECORTEM-NAS.

FIXEM AS PERSONAGENS NAS VARETAS USANDO FITA ADESIVA.

COLOQUEM O PALCO NA MESA DO PROFESSOR OU NO CHÃO E POSICIONEM A LANTERNA ATRÁS DELE. APAGUEM A LUZ, LIGUEM A LANTERNA E BOM ESPETÁCULO!

UNIDADE 2
TEATRO

MOSAICO ROMANO REPRESENTANDO AS MÁSCARAS TEATRAIS GREGAS DA TRAGÉDIA E DA COMÉDIA, SÉCULO 2. PASTILHAS DE MÁRMORE COLORIDO SOBRE ARGAMASSA. ALTURA: 74,6 CM. MUSEUS CAPITOLINOS, ROMA, ITÁLIA.

CONVERSE COM OS COLEGAS.

1. O QUE ESSAS MÁSCARAS DA IMAGEM REPRESENTAM?
2. VOCÊ JÁ VIU MÁSCARAS COMO ESSAS ANTES?
3. SE TIVESSE DE USAR UMA DELAS, QUAL ESCOLHERIA? POR QUÊ?

CAPÍTULO 1
TEATRO GREGO

FORAM OS GREGOS QUE DESENVOLVERAM A ARTE TEATRAL COM ATORES REPRESENTANDO PAPÉIS.

NA GRÉCIA ANTIGA, OS ESPETÁCULOS REUNIAM MILHARES DE PESSOAS DURANTE OS FESTIVAIS, QUE DURAVAM CERCA DE UMA SEMANA.

FESTIVAL: SÉRIE DE ESPETÁCULOS QUE ACONTECEM PERIODICAMENTE.

RUÍNAS DE TEATRO EM HIERÁPOLIS, ANTIGA CIDADE GREGA LOCALIZADA NA ATUAL TURQUIA.

DETALHE DA PARTE SUPERIOR DO PALCO DO TEATRO DE HIERÁPOLIS.

NA FOTO AO LADO, VOCÊ PODE VER AS RUÍNAS DO TEATRO DE DIONÍSIO, EM ATENAS, NA GRÉCIA. OBSERVE NA GRAVURA ABAIXO A RECONSTRUÇÃO ARTÍSTICA DESSE TEATRO.

REPRODUÇÃO DE APRESENTAÇÃO NO TEATRO DE DIONÍSIO EM ATENAS, NA GRÉCIA ANTIGA. GRAVURA COLORIDA DO SÉCULO XIX.

ESSA GRAVURA MOSTRA COMO SERIA UMA APRESENTAÇÃO TEATRAL NA GRÉCIA ANTIGA.

O TEATRO GREGO FOI IMPORTANTE NO DESENVOLVIMENTO DA CULTURA GREGA E INFLUENCIOU A CULTURA DE OUTROS POVOS, COMO OS ROMANOS.

AS MÁSCARAS USADAS NO TEATRO GREGO ERAM FEITAS DE MATERIAIS LEVES, COMO TECIDO ENDURECIDO COM GESSO, COURO, CORTIÇA. COMO ESSES MATERIAIS ERAM POUCO RESISTENTES, RESTARAM APENAS AS REPRODUÇÕES ESCULPIDAS EM PEDRA OU EM ARGILA.

RÉPLICA DE MÁSCARA DO TEATRO GREGO USADA EM TRAGÉDIAS REPRESENTANDO UMA MULHER DE CERCA DE 250 A.C. TERRACOTA. ALTURA: 32 CM. MUSEU ARQUEOLÓGICO DE ATENAS, GRÉCIA.

RÉPLICA DE MÁSCARA DO TEATRO GREGO USADA EM COMÉDIAS, SÉCULO 2. PEDRA. ALTURA: 22 CM. MUSEU ARQUEOLÓGICO DE ATENAS, GRÉCIA.

AS FEIÇÕES DAS MÁSCARAS DAS PERSONAGENS ERAM EXAGERADAS PARA SEREM VISTAS POR TODA A PLATEIA.

NA GRÉCIA ANTIGA, APENAS OS HOMENS PODIAM SER ATORES. ASSIM, ELES USAVAM MÁSCARAS E ROUPAS FEMININAS OU MASCULINAS, DE ACORDO COM O PAPEL REPRESENTADO.

E AS PEÇAS ERAM DIVIDIDAS EM DOIS GÊNEROS: A TRAGÉDIA E A COMÉDIA.

> **TRAGÉDIA:** HISTÓRIA EM QUE PESSOAS ENFRENTAVAM MUITOS PROBLEMAS POR TEREM CONTRARIADO OS DEUSES.

ILUSTRAÇÃO QUE MOSTRA ATORES DA GRÉCIA ANTIGA INTERPRETANDO PAPÉIS TRÁGICOS EM UMA APRESENTAÇÃO DE RUA.

HÁ POUCA INFORMAÇÃO SOBRE AS ROUPAS USADAS NO TEATRO GREGO. MAS OS ATORES QUE INTERPRETAVAM PAPÉIS TRÁGICOS USAVAM BOTAS DE SOLADO ALTO QUE OS DEIXAVAM MAIS ALTOS QUE OUTROS ATORES.

MÃOS À OBRA

✏️ QUE TAL MONTAR UMA MÁSCARA DO TEATRO GREGO? ESCOLHA E DESTAQUE DA PÁGINA 101 SE QUER QUE ELA REPRESENTE A COMÉDIA OU A TRAGÉDIA.

DEPOIS QUE A COLA ESTIVER SECA, PINTE SUA MÁSCARA COM GIZ DE CERA.

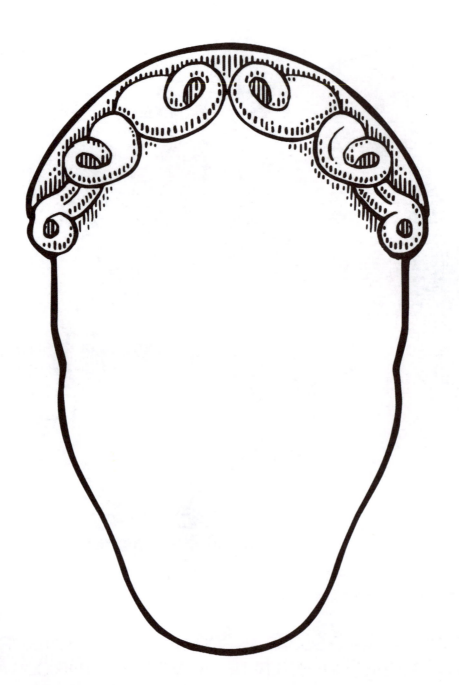

MOREVECTOR/SHUTTERSTOCK

MÁSCARAS

AS MÁSCARAS PODEM SER USADAS COMO DISFARCE, ADEREÇO OU EM RITUAIS. E SÃO FEITAS DE MADEIRA, METAL, FIBRA DE DIFERENTES PLANTAS, MARFIM, ARGILA, PENAS, TECIDO, PALHA DE MILHO ETC.

> **ADEREÇO:** ENFEITE.
> **ANTEPASSADOS:** GERAÇÕES ANTERIORES DE UMA PESSOA, DE UM GRUPO SOCIAL OU DE UM POVO.

MÁSCARA DOS PANKARARU (PE), SEM DATA. PALHA DE PALMEIRA OURICURI, PLUMAS, PENAS E SEMENTES. ALTURA: 32 CM. COLEÇÃO PARTICULAR.

OS INDÍGENAS BRASILEIROS USAM MÁSCARAS EM RITUAIS QUE GERALMENTE SÃO ACOMPANHADOS POR MÚSICA E DANÇA.

AS MÁSCARAS PODEM COBRIR APENAS O ROSTO, TODA A CABEÇA OU O CORPO INTEIRO DE QUEM AS USA.

DANÇARINOS KARAJÁ USANDO MÁSCARAS DE PALHA DE BURITI E PENAS DE PÁSSAROS. ELES ESTÃO PARTICIPANDO DO RITUAL ARUANÃ, EM HOMENAGEM AOS ANTEPASSADOS. ILHA DO BANANAL, GOIÁS.

OS AFRICANOS TAMBÉM USAM MÁSCARAS EM FESTIVIDADES E NOS RITUAIS RELIGIOSOS. A MAIORIA DESSAS MÁSCARAS É FEITA DE MADEIRA, MAS OUTROS MATERIAIS, COMO MARFIM, PEDRAS E METAIS, PODEM SER USADOS.

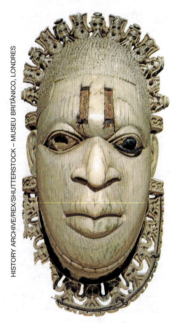

MÁSCARA GELEDÉ DOS YORUBÁ, CERCA DE 1900. MADEIRA, PIGMENTOS E ÍNDIGO. ALTURA: 34,5 CM. MUSEU DE ARTE DE SAINT LOUIS, EUA.

MÁSCARA IYOBA DOS EDO, CERCA DE 1600. MARFIM, COBRE E AÇO. ALTURA: 23,8 CM. MUSEU BRITÂNICO, LONDRES, REINO UNIDO.

OS DOGON, HABITANTES DO MALI, NA ÁFRICA, USAM MÁSCARAS, CANTAM E DANÇAM EM SEUS RITUAIS.

DANÇARINOS DOGON DURANTE O RITUAL EM HONRA DE SEUS ANTEPASSADOS. MALI.

MÃOS À OBRA

QUE TAL PRODUZIR UMA MÁSCARA PARA USAR EM UMA ATUAÇÃO TEATRAL QUE VAI SER PROPOSTA NO FINAL DESTA UNIDADE? ENTÃO, SIGA O ROTEIRO.

VÁ COM CALMA!
NÃO TENHA PRESSA. PENSE BEM ANTES DE FAZER ALGUMA COISA.

MATERIAIS

- BEXIGA (BALÃO DE FESTA)
- FOLHAS DE JORNAL
- COLA BRANCA
- ÁGUA
- COPO PLÁSTICO
- CANETINHA PRETA
- 2 PINCÉIS
- TESOURA COM PONTAS ARREDONDADAS
- GUACHE DE VÁRIAS CORES
- PEDAÇO DE ELÁSTICO

COMO FAZER

RASGUE AS FOLHAS DE JORNAL EM PEQUENOS PEDAÇOS.

ENCHA A BEXIGA ATÉ FICAR UM POUCO MAIOR QUE A SUA CABEÇA. DÊ UM NÓ.

PONHA NO COPO PARTES IGUAIS DE COLA E DE ÁGUA. COM UM PINCEL, PASSE A COLA NA BEXIGA E GRUDE OS PEDAÇOS DE JORNAL.

CUBRA A METADE DA BEXIGA COM TRÊS CAMADAS DE JORNAL.

ILUSTRAÇÕES: ALAN CARVALHO

DEPOIS QUE A COLA ESTIVER SECA, FURE A BEXIGA E SOLTE-A DA CAMADA DE JORNAL.

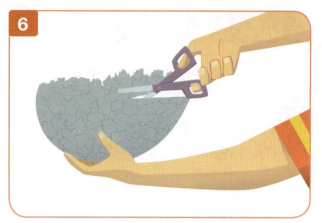

VEJA SE A MÁSCARA SE ENCAIXA NO SEU ROSTO E RECORTE AO REDOR DELA PARA DAR ACABAMENTO.

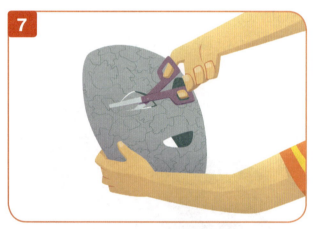

MARQUE COM A CANETINHA AS ÁREAS DOS OLHOS E DA BOCA E RECORTE-AS.

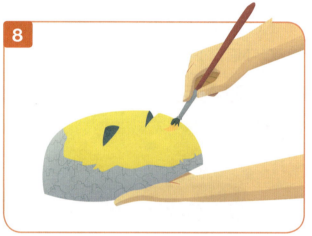

PASSE UMA CAMADA DE GUACHE NA MÁSCARA.

DEPOIS QUE O GUACHE SECAR, DESENHE OS DETALHES DA MÁSCARA E PINTE-A COMO QUISER. PASSE COLA PARA IMPERMEABILIZAR.

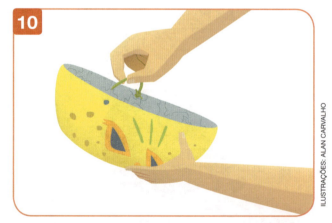

SEU PROFESSOR VAI FAZER UM FURO EM CADA LADO DA MÁSCARA. PASSE O ELÁSTICO PELOS FUROS E AMARRE.

CAPÍTULO 2 — ELEMENTOS DO TEATRO

EM UMA PEÇA DE TEATRO NÃO PODEM FALTAR ATOR, PÚBLICO E ENREDO.

OBSERVE A FOTOGRAFIA DE UMA CENA DO ESPETÁCULO *CHICO E FLOR CONTRA OS MONSTROS NA ILHA DO FOGO*.

NA FOTOGRAFIA, VEMOS AS PERSONAGENS PROTAGONISTAS DO ENREDO, O BARQUEIRO CHICO E A MENINA FLOR. ELES SÃO INTERPRETADOS PELOS ATORES ANTÔNIO VERONALDO E JULIENE MOURA.

> **ENREDO:** NO TEATRO, UMA HISTÓRIA É CONTADA POR MEIO DE UM TEXTO TEATRAL OU DE UM ENREDO, QUE TRAZ A SEQUÊNCIA DOS ACONTECIMENTOS DA PEÇA.
>
> **PROTAGONISTA:** PERSONAGEM EM TORNO DA QUAL ACONTECE TODA A HISTÓRIA.

CENA DO ESPETÁCULO *CHICO E FLOR CONTRA OS MONSTROS NA ILHA DO FOGO*, DA COMPANHIA BIRUTA. TEATRO DONA AMÉLIA, PETROLINA (PE).

O ENREDO DA PEÇA CONTA A HISTÓRIA DO BARQUEIRO CHICO, QUE FICA COM SEU BARCO ANCORADO NA MARGEM DO RIO SÃO FRANCISCO.

A MENINA FLOR QUER AJUDAR CHICO A ENCONTRAR OS PAIS DELE, QUE DESAPARECERAM.

MAS, PARA ISSO, ELES TÊM DE DESTRUIR OS MONSTROS DA ILHA DO FOGO.

O CENÁRIO DESSE ESPETÁCULO IMITA UM BARCO EM UM RIO. FOI CONSTRUÍDO COM BASE NA IMAGEM DOS BARCOS NAS MARGENS DO RIO SÃO FRANCISCO.

CONVERSE COM OS COLEGAS. DEPOIS, REGISTRE SUAS RESPOSTAS.

1. TEATRO É FEITO:

☐ APENAS POR ATORES.

☐ POR ATORES, BONECOS E OBJETOS.

ÁUDIO
O MENINO QUE VIROU HISTÓRIA

2. SERÁ QUE SEMPRE É PRECISO TER UM TEXTO PARA CONTAR UMA HISTÓRIA OU ELA PODE SER CRIADA NO MOMENTO DA ENCENAÇÃO?

3. QUE TAL OUVIR AGORA A NARRAÇÃO DO TRECHO DE UM TEXTO TEATRAL? O TÍTULO DO TEXTO É *O MENINO QUE VIROU HISTÓRIA*, DE NANA DE CASTRO.

TEXTO TEATRAL

NO INÍCIO DO TEXTO DE UMA PEÇA, O AUTOR PODE COLOCAR ALGUMAS INFORMAÇÕES, COMO O NOME DAS PERSONAGENS E A INDICAÇÃO DE COMO O CENÁRIO DEVE SER. OBSERVE.

[...]

PERSONAGENS

CACHORRO

LOBO

ALGUNS FIGURANTES
(ATUANDO COMO CONTRARREGRAS)

CENÁRIO

UM QUINTAL SEM CERCAS COM UMA CASA DE CACHORRO.

[...]

JOSÉ CARLOS ARAGÃO. *NO PALCO, TODO MUNDO VIRA BICHO!*
SÃO PAULO: PLANETA DAS CRIANÇAS, 2007.

> **CONTRARREGRA:** PROFISSIONAL DE TEATRO QUE INDICA A ENTRADA E A SAÍDA DOS ATORES EM CENA E MUDA OS CENÁRIOS E OS MÓVEIS.

NO TEXTO, APARECEM AS FALAS DAS PERSONAGENS. ANTES DE CADA FALA, É ESCRITO O NOME DA PERSONAGEM QUE VAI FALAR. O NOME É ESCRITO COM DESTAQUE.

[...]

LOBO   MEU ALMOÇO!

CACHORRO   QUEM, EU?! NÃO PREFERE UM... CACHORRO-QUENTE?

[...]

JOSÉ CARLOS ARAGÃO. *NO PALCO, TODO MUNDO VIRA BICHO!*
SÃO PAULO: PLANETA DAS CRIANÇAS, 2007.

NO TEXTO TAMBÉM EXISTEM RUBRICAS, QUE SÃO INFORMAÇÕES ESCRITAS ENTRE PARÊNTESES OU COM LETRAS INCLINADAS.

AS RUBRICAS DESCREVEM O QUE ACONTECE EM CENA E INDICAM O QUE OS ATORES DEVEM FAZER. OBSERVE.

> [...] *SIMULAÇÃO DE PASSAGEM DE TEMPO. (ALGUÉM CRUZA A BOCA DE CENA SEGURANDO UM CARTAZ COM A INSCRIÇÃO: "MAIS TARDE...".)* [...]
>
> JOSÉ CARLOS ARAGÃO. *NO PALCO, TODO MUNDO VIRA BICHO!*
> SÃO PAULO: PLANETA DAS CRIANÇAS, 2007.

AS RUBRICAS TAMBÉM PODEM INDICAR O TIPO DE EMOÇÃO A SER TRANSMITIDA E SE A CENA ACONTECE DE DIA OU DE NOITE.

QUE TAL FAZER UMA LEITURA DRAMÁTICA?

ESCOLHEMOS PARA ESSE EXERCÍCIO A PEÇA "O CACHORRO SABIDO E O LOBO BOBO".

VOCÊ PODE COMBINAR COM UM COLEGA A DISTRIBUIÇÃO DOS PAPÉIS ANTES DE INICIAR UMA LEITURA EM DUPLA.

O CACHORRO SABIDO E O LOBO BOBO

PERSONAGENS

CACHORRO

LOBO

ALGUNS FIGURANTES

(ATUANDO COMO CONTRARREGRAS)

CENÁRIO

UM QUINTAL SEM CERCAS COM UMA CASA DE CACHORRO.

CACHORRO ESTÁ DEITADO NO QUINTAL, FORA DE SUA CASA, DORMINDO. LOBO SE APROXIMA SORRATEIRO E SALTA SOBRE ELE, IMOBILIZANDO-O.

LOBO MEU ALMOÇO!

CACHORRO QUEM, EU?! NÃO PREFERE UM... CACHORRO-QUENTE?

LOBO NÃO! PREFIRO VOCÊ: NEM FRIO NEM QUENTE! CACHORRO MORNO, RÁ, RÁ!

CACHORRO MAS EU TÔ TÃO MAGRINHO... POR QUE NÃO ESPERA PASSAR A FESTA?

LOBO FESTA? QUE FESTA?

CACHORRO A FESTA DE ANIVERSÁRIO DO MEU DONO.

LOBO E O QUE TEM ESSA FESTA?

CACHORRO VEJA BEM, SEU LOBO... ELE VAI DAR UM CHURRASCO. E CHURRASCO O SENHOR SABE COMO É, NÉ?...

LOBO NÃO, NÃO SEI.

CACHORRO É QUE SEMPRE SOBRA MUITA CARNE, MUITO OSSO, UMAS GORDURINHAS...

LOBO EU SOU UM LOBO! JÁ VIU LOBO COMER SOBRAS?

CACHORRO AÍ É QUE ESTÁ: EU COMO. ELES ME DÃO O QUE SOBRA, EU COMO, FICO MAIS GORDINHO...

LOBO E DAÍ?

ILUSTRAÇÃO: ALAN CARVALHO

CACHORRO E DAÍ QUE O SENHOR VOLTA DEPOIS DA FESTA E ME JANTA! MELHOR QUE ME ALMOÇAR AGORA, ENQUANTO EU AINDA SOU PURO OSSO, NÃO ACHA? [...]

LOBO ESTÁ BEM, DEPOIS DA FESTA EU VOLTO.

SAI LAMBENDO OS BEIÇOS, ENQUANTO CACHORRO SUSPIRA, ALIVIADO. SIMULAÇÃO DE PASSAGEM DE TEMPO. (ALGUÉM CRUZA A BOCA DE CENA SEGURANDO UM CARTAZ COM A INSCRIÇÃO: "MAIS TARDE...".) LOBO RETORNA E ENCONTRA O CACHORRO DORMINDO DE NOVO, MAS AGORA O QUINTAL ESTÁ CERCADO. (NA SIMULAÇÃO DA PASSAGEM DO TEMPO, ALGUNS FIGURANTES ENTRAM EM CENA E MONTAM UMA CERCA EM VOLTA DO CACHORRO E SUA CASA.)

LOBO *(DE FORA DA CERCA)*

EI, CACHORRO! VIM PARA O JANTAR, CONFORME COMBINAMOS.

CACHORRO SINTO MUITO, SEU LOBO, MAS, DA PRÓXIMA VEZ QUE VIER PARA O ALMOÇO, É MELHOR NÃO ESPERAR PELO JANTAR.

LOBO FICA FURIOSO AO PERCEBER QUE FOI ENGANADO. TENTA PULAR A CERCA, MAS NÃO CONSEGUE.

CACHORRO *(PARA A PLATEIA)*

QUEM ESCAPA UMA VEZ SE PREVINE DE VEZ. [...]

JOSÉ CARLOS ARAGÃO. *NO PALCO, TODO MUNDO VIRA BICHO!* SÃO PAULO: PLANETA DAS CRIANÇAS, 2007.

CONHEÇA O ARTISTA

JOSÉ CARLOS ARAGÃO É JORNALISTA, ATOR E ESCRITOR NASCIDO EM MINAS GERAIS.

NA INFÂNCIA, ELE GOSTAVA DE LER, OUVIR E INVENTAR HISTÓRIAS. TALVEZ, POR ISSO, ESCREVA LIVROS E PEÇAS TEATRAIS PARA CRIANÇAS.

FIGURINO E MAQUIAGEM

FIGURINO

O TRAJE E OS ACESSÓRIOS, COMO CINTOS, LENÇOS, BOLSAS, MÁSCARAS, CHAPÉUS E SAPATOS, USADOS POR UMA PERSONAGEM FORMAM O FIGURINO. E O PROFISSIONAL QUE DESENVOLVE OS FIGURINOS É O FIGURINISTA.

QUANDO O FIGURINISTA VAI CRIAR UM FIGURINO, COMEÇA FAZENDO O CROQUI, QUE É O DESENHO DAS PEÇAS. OBSERVE.

CROQUIS DOS FIGURINOS E FOTOS DAS PERSONAGENS DO ESPETÁCULO *ALICE, O MUSICAL*.

O FIGURINISTA TAMBÉM PODE REFORMAR FIGURINOS E COORDENAR A ORGANIZAÇÃO DO GUARDA-ROUPA.

> **GUARDA-ROUPA:** CONJUNTO DE ROUPAS DE UM TEATRO OU DE UMA COMPANHIA TEATRAL.

MÃOS À OBRA

FORME DUPLA COM UM COLEGA E CRIEM FIGURINOS PARA AS PERSONAGENS DA PEÇA "O CACHORRO SABIDO E O LOBO BOBO". PARA ISSO, SIGAM O ROTEIRO.

1. DECIDAM SE OS ATORES PRECISARÃO SE CARACTERIZAR PARA CONVENCER O PÚBLICO DE QUE SÃO AS PERSONAGENS CACHORRO E LOBO.

2. AS PERSONAGENS USARÃO ADEREÇOS COMO MÁSCARAS E CHAPÉUS?

3. EM UMA FOLHA AVULSA, DESENHEM CROQUIS PARA OS FIGURINOS E ESCREVAM LEGENDAS EXPLICANDO AS PEÇAS.

4. ORGANIZEM UM MURAL COM OS CROQUIS PARA QUE TODOS APRECIEM.

CARACTERIZAR-SE: VESTIR ROUPA E ADEREÇOS E USAR MAQUIAGEM PRÓPRIOS DA PERSONAGEM QUE VAI SER REPRESENTADA.

MAQUIAGEM

A MAQUIAGEM TAMBÉM AJUDA NA CRIAÇÃO DE UMA PERSONAGEM. O PROFISSIONAL QUE FAZ A MAQUIAGEM É O MAQUIADOR.

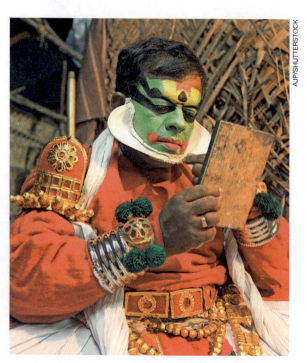

ACIMA: ATOR INDIANO PREPARANDO A MAQUIAGEM. AO LADO, O ATOR JÁ CARACTERIZADO PARA ENTRAR EM CENA, CONFERINDO SE A MAQUIAGEM ESTÁ EM ORDEM.

MÃOS À OBRA

QUE TAL FAZER MAQUIAGEM PARA ATUAR EM UM IMPROVISO TEATRAL?

ATUAR: REPRESENTAR UM PAPEL COMO ATOR.
IMPROVISAR: ATUAR SEM ENSAIO.

MATERIAIS

- *KIT* DE TINTA FACIAL ATÓXICA
- LENÇOS DE PAPEL

COMO FAZER

1. ESCOLHA UMA PERSONAGEM PARA ENCENAR.
2. A MAQUIAGEM DEVE SER BEM SIMPLES.
3. USE OS DEDOS PARA APLICAR A TINTA. LIMPE A MÃO COM LENÇO DE PAPEL ANTES DE USAR OUTRA COR. PARA SE INSPIRAR, OBSERVE AS IMAGENS.

4. DEPOIS QUE ESTIVER MAQUIADO, IMPROVISE COM OS COLEGAS UMA CENA COM TODAS AS PERSONAGENS INTERAGINDO.

SONOPLASTIA E CENOGRAFIA

SONOPLASTIA

A SONOPLASTIA É UM SOM OU CONJUNTO DE SONS QUE DÁ DESTAQUE A UMA CENA OU ÀS EMOÇÕES QUE OS ATORES QUEREM TRANSMITIR PARA A PLATEIA.

O PROFISSIONAL QUE CUIDA DA SONOPLASTIA É O SONOPLASTA.

CENOGRAFIA

A CENOGRAFIA É A ARTE DE CRIAR E INSTALAR OS CENÁRIOS PARA OS ESPETÁCULOS.

A CENOGRAFIA É PARTE IMPORTANTE DE UM ESPETÁCULO, POIS É POR ELA QUE SABEMOS O LUGAR E A ÉPOCA EM QUE A HISTÓRIA ACONTECE.

O PROFISSIONAL RESPONSÁVEL PELA CENOGRAFIA É O CENÓGRAFO.

CENÁRIO DO MUSICAL *CANÇÃO DOS DIREITOS DA CRIANÇA*, NO TEATRO FREI CANECA, EM SÃO PAULO (SP).

MÃOS À OBRA

FORME DUPLA COM UM COLEGA.

1. CONVERSEM E CRIEM SONS PARA AS SITUAÇÕES INDICADAS A SEGUIR.

LOUÇA CAINDO E QUEBRANDO.

LIQUIDIFICADOR FUNCIONANDO.

CHALEIRA FERVENDO.

BATER COM TALHERES EM UM PRATO.

ÁGUA SAINDO DA TORNEIRA.

BATEDEIRA FUNCIONANDO.

2. USEM OS CARTONADOS DA PÁGINA 103 PARA CRIAR UM CENÁRIO EM QUE ESSES SONS COSTUMAM ACONTECER.

3. COMPARTILHEM COM OS COLEGAS OS CENÁRIOS CRIADOS E OS SONS QUE CRIARAM PARA QUE TODOS APRECIEM.

PARA FAZER COM OS COLEGAS

EM GRUPO, CRIEM UMA CENA PARA REPRESENTAR USANDO AS MÁSCARAS QUE CONSTRUÍRAM NA PÁGINA 36. PARA ISSO:

1. DECIDAM COMO É A CENA QUE VÃO INTERPRETAR.
2. VAI TER SONOPLASTIA OU ILUMINAÇÃO ESPECIAL?
3. VEJAM SE ALGUÉM PODERÁ FILMAR A CENA PARA VOCÊS.
4. PLANEJEM SE USARÃO OUTROS ADEREÇOS ALÉM DAS MÁSCARAS.
5. DEFINAM OS PAPÉIS QUE VÃO REPRESENTAR E MARQUEM QUAIS SÃO AS FALAS DE CADA UM.
6. ORGANIZEM AS TAREFAS. POR EXEMPLO, SE USAREM UMA LANTERNA PARA CRIAR UMA ILUMINAÇÃO DIFERENTE, VEJAM QUEM VAI PROVIDENCIAR A LANTERNA E QUEM VAI USAR ESSE OBJETO.
7. ENSAIEM VÁRIAS VEZES E MUDEM O QUE ACHAREM NECESSÁRIO.
8. TESTEM O FUNCIONAMENTO DOS EQUIPAMENTOS QUE PRETENDEM USAR. POR EXEMPLO, VERIFIQUEM SE A LANTERNA TEM PILHAS E SE ELAS ESTÃO COM CARGA.
9. FAÇAM A APRESENTAÇÃO.

BOM ESPETÁCULO!

UNIDADE 3
Arte em todo lugar

A fotografia destas páginas mostra uma cidade da Turquia escavada nas rochas.

1. Na sua opinião, por que as pessoas construíram suas moradias desse modo?
2. Você moraria nessa cidade? Por quê?
3. Essa imagem lembra qual tipo de arte: uma pintura, uma música, uma série de esculturas ou um filme?

Vista aérea da cidade de Uchisar, na Turquia.

CAPÍTULO 1 — Como as moradias são inventadas

A fotografia da abertura desta unidade retrata a cidade de Uchisar, na Turquia.

No passado, um povo chamado hitita escavou as rochas desse local e fez casas, currais para o gado, cisternas, túneis para circulação de ar e depósitos para armazenar alimentos dentro e embaixo da montanha.

Depois dos hititas, muitos outros povos moraram em Uchisar.

Escavar: cavar, tornar oco.

Cisterna: reservatório de água potável que fica abaixo do nível do solo.

Em certos locais, há mais de nove andares abaixo da terra. Caverna na Capadócia, Turquia.

Quartos de uma casa em área abaixo da terra. Capadócia, Turquia.

52

Diversos outros povos têm construído suas moradias em lugares também diferentes.

O povo inuíte vive em diversas regiões do Ártico, no Polo Norte, e usa blocos de gelo e neve para construir moradias, chamadas de iglu, palavra que na língua inuíte significa "casa". Observe.

Iglu iluminado por uma fogueira acesa dentro dele.

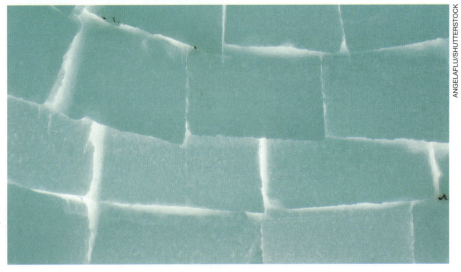

Blocos de gelo são empilhados para formar um iglu. Esta foto foi feita dentro do iglu.

Bloco de gelo coberto por peles de foca que serve de cama dentro do iglu.

Yurt é o nome de uma tenda circular usada pelos pastores nômades mongóis e por outros povos da Ásia Central, como os quirguizes.

A estrutura interna dessa casa é feita de ripas de madeira e, embora pareça frágil, proporciona boa proteção contra o frio.

Nômade: aquele que não tem habitação fixa, que vive mudando de lugar.

A estrutura de madeira do *yurt* é coberta com feltro ou lã.

Montar e desmontar o *yurt* é fácil, e suas partes são transportadas em carroças quando os pastores precisam procurar novos pastos para seus rebanhos.

O *yurt* possui apenas um cômodo que serve para diferentes usos, como dormir e cozinhar.

Bolivianos e peruanos constroem ilhas artificiais sobre as águas do lago Titicaca, localizado na fronteira do Peru e da Bolívia.

Essas ilhas são chamadas de *uro* e feitas à base de *totora*, uma planta flutuante que cresce ao redor do lago.

Acima, temos a vista aérea de um *uro*. Ao lado, vemos uma das laterais desse *uro*.

Casas podem ser construídas com a *totora*. Observe o interior de um cômodo, onde as paredes e o teto são feitos com essa planta.

A *totora* também é usada na alimentação. Quem já provou essa planta diz que o gosto é semelhante ao do pepino.

55

1. De qual moradia você mais gostou? Por quê?
2. Há animais que também constroem suas moradias. Relacione o número da moradia ao animal que a construiu.

Mãos à obra

 No espaço a seguir, desenhe uma casa bem diferente.

Seja criativo! Invente, use sua imaginação.

Alguns tipos de arquitetura

Uma construção pode ter vários usos, como proteger de perigos, da chuva e do sol, guardar os pertences das pessoas etc.

A arquitetura é a arte de planejar e construir o ambiente.

A arquitetura brasileira, por exemplo, é resultado da influência das várias culturas que vieram para o Brasil em diferentes épocas. Mas as construções dos povos indígenas são um modelo de arquitetura que nasceu no Brasil.

Oca na aldeia Tuatuari, da etnia Yawalapiti, Parque Indígena do Xingu (MT).

Por causa do clima quente, os indígenas precisaram construir casas com boa circulação de ar que fossem feitas com os materiais da floresta, como bambus, cipós, folhas secas de palmeiras e troncos de árvores.

Oca em construção na aldeia Piyulaga, da etnia Waurá, Parque Indígena do Xingu (MT).

Outra forma de construção feita com recursos naturais é o pau a pique.

A técnica do pau a pique é muito antiga. Era usada pelos povos europeus que vieram para o Brasil.

> **Recursos naturais:** elementos da natureza que podemos usar de diversas maneiras, como madeira, barro etc.

Casa de pau a pique sendo construída.

Usando essa técnica, são montados painéis com galhos finos de árvore ou ripas de bambu entrelaçados e amarrados com cipó. Depois, esses painéis são cobertos com barro, formando as paredes.

Esse tipo de construção é considerado ecologicamente correto porque utiliza materiais naturais e causa poucos danos ao meio ambiente.

Casa de pau a pique coberta com folhas de palmeira babaçu, no povoado da comunidade quilombola de Soledade, em Caxias (MA).

Alvenaria é o nome da construção feita de tijolos, cimento e areia.

Jogo
Materiais

Casa de alvenaria e telhado com telhas de cerâmica. Camanducaia (MG).

A construção de alvenaria dura muito tempo e suporta vários andares sobrepostos, como nos prédios de apartamento. Os materiais usados na alvenaria não são renováveis. Por isso, essa forma de construir não é considerada sustentável.

Sustentável: forma de construir que procura diminuir resíduos que poluem o meio ambiente e utilizar materiais de construção, água e energia sem desperdício.

Casa de alvenaria sendo construída.

 Converse com os colegas. Depois, troquem ideias sobre o assunto.

1. Dos tipos de construção apresentados nas fotos das páginas anteriores, quais você já conhecia?
2. Quais construções você achou mais interessantes? Por quê?

 Organize seus pensamentos antes de falar ou escrever! Capriche na hora de explicar suas ideias.

60

Destaque elementos da página 106 para montar um cômodo de uma casa no espaço abaixo.

Capítulo 2 - Projetando moradias

Uma construção precisa ser planejada. Para isso, há profissionais que fazem projetos que mostram como devem ser os espaços internos e externos de uma casa, de um prédio, de um armazém etc.

Os profissionais que podem fazer projetos são os arquitetos e os engenheiros civis, além de profissionais que fazem cursos técnicos.

O projeto deve ser registrado na prefeitura antes do início da construção para que a obra não seja multada.

Esses projetos são chamados de planta baixa. Eles são feitos de acordo com os regulamentos da lei de construção de cada município.

Um projeto de planta de uma construção pode ser feito à mão, mas a maioria dos projetos é executada em computadores.

Na planta baixa são indicados o tamanho dos cômodos em metro, o local onde vão ficar as portas e janelas etc. Observe um exemplo.

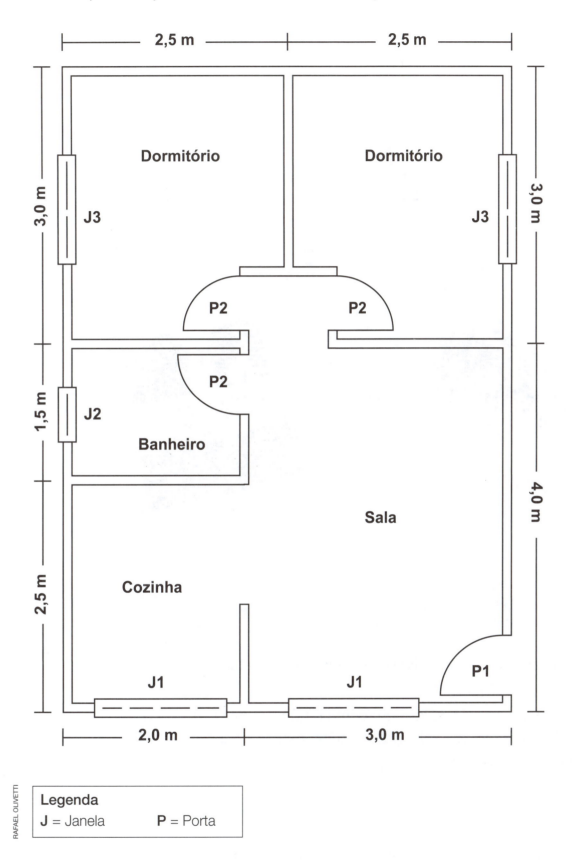

Planta baixa de uma casa de cinco cômodos.

Os profissionais que projetam plantas baixas também podem usar computadores para produzir imagens em 3-D. Nessas imagens, é possível ter ideia de como será a construção depois de pronta.

A imagem a seguir representa em 3-D a planta baixa da casa da página anterior. Veja como ficariam os cômodos construídos e com os móveis.

Ilustração de projeto em 3-D de casa de cinco cômodos.

O arquiteto ou o engenheiro podem indicar os materiais que vão ser usados em uma obra.

Para isso, o profissional leva em conta o número de cômodos e de andares, a ventilação, a iluminação e a manutenção necessária depois que a obra estiver pronta.

Imagem em 3-D: imagem em três dimensões, que dá a ideia de largura, altura e profundidade.

Manutenção: cuidado que se deve ter para conservar e manter o bom funcionamento de algo.

Com os colegas, andem pela escola e façam anotações sobre as salas e outros espaços comuns.

Em grupos, troquem ideias e, em uma folha avulsa, façam um rascunho de um desenho do que mais chamou a atenção de vocês. Depois, cada aluno passa a limpo no espaço a seguir.

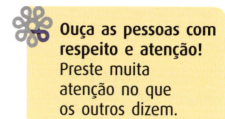 **Ouça as pessoas com respeito e atenção!** Preste muita atenção no que os outros dizem.

Mãos à obra

Que tal produzir o cômodo de uma casa em 3-D? Para isso, formem pequenos grupos e sigam o roteiro.

Materiais

- Caixa de sapatos sem a tampa
- Sucatas variadas, como: caixas de fósforos vazias, caixas de creme dental e de chá e outras embalagens pequenas
- Cola em bastão
- Tesoura com pontas arredondadas
- Papel branco, pedaços de papel e de tecido coloridos
- Fita adesiva

Como fazer

Reúnam-se e decidam qual é o cômodo da casa que vocês vão representar.

Usando os pedaços de papel e a cola, forrem as paredes internas da caixa de sapatos.

Desenhem as portas e as janelas por fora e por dentro da caixa.

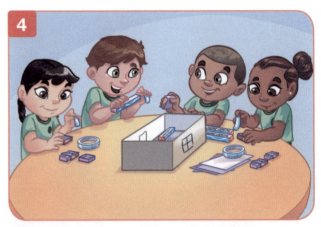

Com as sucatas, criem móveis para esse cômodo.

Recortem pedaços de tecido para fazer tapetes, cortinas, toalhas, quadros etc. Depois, vejam se não faltou algum detalhe e finalizem a criação.

Pronto! Agora é só fazer uma exposição dos cômodos montados para que todos os colegas apreciem.

Casas de artista

Diversos artistas pintaram os lugares onde viveram ou por onde passaram. Uma das telas mais conhecidas retratando uma casa é *A casa amarela*, de Vincent van Gogh.

A pintura mostra a casa na cidade de Arles, na França, onde o artista morou por um tempo, a partir de 1888. Ali ele criou algumas de suas obras mais conhecidas.

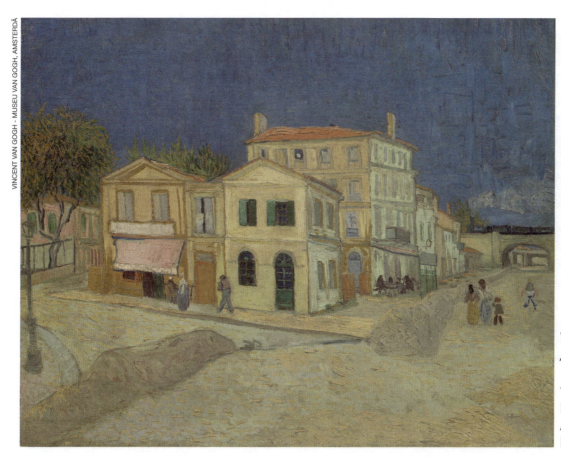

Vincent van Gogh. *A casa amarela*, 1888. Óleo sobre tela, 72 x 91,5 cm. Museu Van Gogh, Amsterdã, Países Baixos.

67

Antes de pintar essa tela, Van Gogh escreveu para seu irmão Theo uma carta contando que havia se mudado para uma nova casa e enviou um desenho para que o irmão tivesse uma ideia de como ela era.

Observe o desenho enviado na carta de Van Gogh para seu irmão Theo.

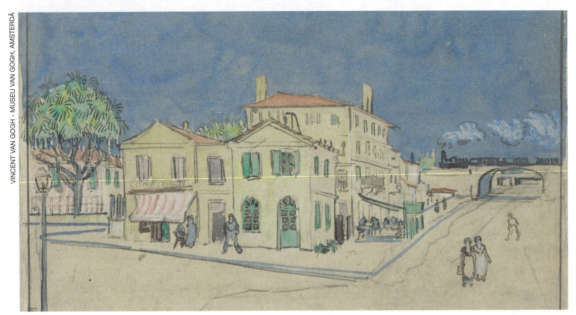

Vincent van Gogh. *A casa amarela*, 1888. Aquarela, nanquim e lápis preto e vermelho sobre papel, 25,7 x 32 cm. Museu Van Gogh, Amsterdã, Países Baixos.

Observe abaixo uma das telas que Van Gogh fez de seu quarto na casa amarela.

Vincent van Gogh. *Quarto em Arles*, 1888. Óleo sobre tela, 72 x 90 cm. Instituto de Arte de Chicago, EUA.

O Instituto de Arte de Chicago, nos Estados Unidos, fez uma reprodução desse quarto, que pode ser alugado pela internet. Assim, quem visita o cômodo tem a experiência de ser transportado para o século 19, na França, onde o artista viveu.

Conheça o artista

O pintor **Vincent van Gogh** nasceu em Zundert, uma pequena aldeia nos Países Baixos, em 1853.

É considerado uma das figuras mais famosas e influentes da história da Arte, mas morreu sem ter seu trabalho artístico reconhecido.

Ele só passou a ser identificado como grande pintor no início do século 20, quando muitos pintores começaram a admirar e empregar seu estilo de pintura. Faleceu em 1890.

Mãos à obra

Escolha cores de sua preferência para colorir esse desenho de *A casa amarela*, também feito por Van Gogh.

69

Um importante pintor francês também retratou o local onde passou boa parte de sua vida.

Na cidade de Giverny, na França, encontra-se a casa de Claude Monet, lugar onde ele morou por 43 anos, entre 1883 e 1926.

Claude Monet. *A casa do artista em Giverny*, 1913. Óleo sobre tela, 73 x 92 cm. Coleção particular.

No início, a casa era alugada, mas em 1890 foi comprada por Monet.

O pintor amava a natureza e cuidou pessoalmente dos jardins e do lago da propriedade, onde cultivava plantas aquáticas.

Foto atual da casa de Claude Monet em Giverny.

Observe duas telas feitas por Monet a partir do jardim de sua casa e fotos desse mesmo lugar.

Claude Monet. *Ninfeias e a ponte japonesa*, 1899. Óleo sobre tela, 90,5 x 89,7 cm. Museu de Arte da Universidade de Princeton, EUA.

Foto atual da ponte japonesa no jardim da casa de Monet.

A casa de Claude Monet, em Giverny, foi transformada em museu e recebe milhares de visitantes todos os anos.

O estúdio de pintura, um dos quartos e a sala de jantar da casa de Monet.

Conheça o artista

O pintor **Claude Monet** nasceu em Paris, na França, em 1840.

Foi a tia de Monet, Marie-Jeanne Lecadre, que o apoiou a seguir a carreira artística, pois ela também era pintora. Em 1857, ele foi estudar pintura em Paris. Com outros artistas, desenvolveu uma técnica de pintar o efeito da luz sobre a paisagem com rápidas pinceladas. Essa técnica, mais tarde, seria conhecida como impressionismo. Faleceu em 1926.

Mãos à obra

Use os adesivos da página 107 para criar no espaço abaixo um lago com plantas aquáticas e animais. Pinte e desenhe o que faltar.

Outros artistas, além de pintar, construíram a própria moradia, como o artista plástico uruguaio Carlos Páez Vilaró. Ele construiu com as próprias mãos a famosa Casapueblo, uma "casa escultura", que levou mais de 30 anos para ficar pronta.

Como Vilaró gostava de receber os amigos, acabou comprando os terrenos à volta de sua casa e foi ampliando a construção para hospedar os visitantes.

As construções que formam a Casapueblo acabaram se tornando um hotel, além de museu. Observe.

Ao lado, o estúdio de Vilaró, com pinturas que ele fez de sua casa.

Ao lado, cômodos da Casapueblo.

Vistos de cima, os terraços dos quartos do hotel Casapueblo mostram formas variadas que lembram esculturas.

Conheça o artista

Carlos Páez Vilaró, nascido em Montevidéu, no Uruguai, em 1923, foi um artista plástico que usou várias técnicas artísticas durante sua vida: pintava, esculpia, produzia cerâmicas e, mesmo sem ser arquiteto, construiu a Casapueblo. Também foi escritor e cineasta.

Vilaró costumava dizer que a inspiração para construir sua casa veio do pássaro joão-de-barro. Ele iniciou a construção em 1958, com madeiras trazidas pelo mar, e contou com a ajuda de pescadores da região.

A casa foi sendo erguida respeitando os contornos da montanha e a paisagem à volta dela. Faleceu em 2014.

74

Mãos à obra

A foto aérea de Casapueblo lembra o mapa de um país. Converse com os colegas e tente descobrir que país é esse.

Depois, na linha abaixo, anote o nome do país que o contorno da Casapueblo lembra e pinte as casas com as cores da bandeira desse país.

_____

UNIDADE 4
Linhas e formas

Tarsila do Amaral. *Paisagem rural*, 1924. Nanquim sobre papel, 18,9 x 25,8 cm. Museu de Arte Contemporânea da Universidade de São Paulo (SP).

Converse com os colegas.

1. O que chama mais sua atenção nesta imagem? Por quê?
2. O que o desenho retrata?
3. Como foram criadas as figuras usadas na imagem?
4. A artista utilizou linhas curvas em que parte do desenho?

CAPÍTULO 1 — Linhas

Grande parte de tudo o que é criado, construído, começa com um rascunho, um desenho. Os desenhos são feitos com linhas. E as linhas são usadas para fazer o contorno de cada elemento desenhado em uma imagem.

Há vários tipos de linha. Observe alguns.

Linha reta horizontal.

Linha reta vertical.

Linhas horizontais e verticais.

Linha reta inclinada.

Linha curva.

Linha ondulada.

Cada tipo de linha sugere impressões ou sensações diferentes. Observe.

Linha reta horizontal: pode dar a sensação de descanso, silêncio, calma, lugar aberto e grande.

Linha reta vertical: lembra equilíbrio, altura, elevação.

Linhas horizontais e verticais: dão a sensação de estabilidade, segurança.

Linha inclinada: sugere movimento, queda.

Linha curva: causa a impressão de volume ou de movimento.

Linha ondulada: dá a sensação de movimento que se repete.

Converse com os colegas.

1. A obra que está na abertura deste capítulo é da pintora brasileira Tarsila do Amaral. Seu título é *Paisagem rural* e ela retrata um lugar no campo.

Quais sensações o conjunto de linhas que compõem a obra transmite a você?

2. Você conhece outro tipo de linha que não foi apresentado? Se sim, desenhe-o no espaço abaixo.

3. A linha que você desenhou na atividade anterior causa que tipo de sensação?

4. Complete o desenho, empregando linhas de formas variadas, e, depois, pinte-o com lápis de cor.

Mãos à obra

Que tal fazer um desenho usando apenas linhas? Para isso, primeiro releia as impressões ou sensações diferentes que cada tipo de linha pode causar. Depois, siga o roteiro.

Materiais

- Canetinhas hidrográficas
- Caderno
- Régua
- Folhas de papel sulfite

Como fazer

Imagine algo que você gostaria de desenhar. Traçando apenas linhas, faça no caderno um rascunho do desenho que imaginou.

Com as canetinhas hidrográficas e a régua (se for desenhar linhas retas), trace seu desenho em uma folha de papel sulfite.

Após o término do desenho, crie um título para ele e assine seu nome.

Com os colegas da classe, monte um mural para que todos vejam os desenhos.

Musicando

A vibração e as ondas sonoras

Todos os sons que ouvimos, como o som da voz humana ou o som dos instrumentos musicais, são produzidos por vibrações.

Vibração é o movimento rápido de vaivém que ocorre em um objeto ou um instrumento quando ele é tocado ou agitado.

As vibrações se espalham no ar em forma de ondas sonoras e são captadas por nossas orelhas.

As ondas sonoras se propagam em todas as direções.

A orelha humana é capaz de diferenciar algumas qualidades do som, como timbre, altura e intensidade.

Cada som tem um timbre diferente. Por meio do timbre conseguimos identificar o que estamos ouvindo.

O timbre é uma qualidade do som que permite identificar se uma voz é feminina ou masculina, por exemplo.

Vamos testar?

1. Reúna-se em grupo. Usando o gravador de um celular, registrem a voz de adultos falando "bom dia" ou "como vai você?". Se possível, gravem também o som de alguns instrumentos musicais, como pandeiro, tambor e violão.

   Não contem para os outros grupos o que gravaram.

   Em sala, apresentem o áudio. Os colegas devem identificar quem fala em cada gravação, se parece ser um homem ou uma mulher, e qual instrumento está tocando.

82

2. Observe a sequência de imagens abaixo. Com ela, você pode imaginar e contar uma história. Conte em voz alta a história que criou e, enquanto conta, imite os sons representados nas imagens.

3. Ouça o áudio e reconheça pelo timbre em que ordem os sons foram emitidos pelos instrumentos e pelas vozes. Depois, numere os instrumentos musicais e as vozes na ordem em que aparecem no áudio.

Áudio
Áudios: 1, 2, 3, 4, 5 e 6

CAPÍTULO 2 — Figuras geométricas

As figuras geométricas também são bastante exploradas nas obras artísticas. Observe algumas figuras geométricas e o que elas podem representar.

Quadrado: causa a impressão de segurança e de algo que não se move.

Círculo: representa algo que não tem fim nem começo.

Retângulo (deitado): dá a sensação de segurança.

Retângulo (em pé): indica crescimento.

Triângulo (com a ponta para cima): representa algo que cresce ou que está no alto.

Triângulo (com a ponta para baixo): indica movimento ou queda.

A obra *Castelo e sol*, do artista suíço Paul Klee, é a imagem estilizada de um castelo. Paul Klee usou figuras geométricas em sua composição.

> **Estilizado:** simplificado; criado a partir das linhas principais de um objeto.

Paul Klee. *Castelo e sol*, 1928. Óleo sobre tela, 50 x 59 cm. Coleção particular.

Converse com os colegas. Depois, registre suas respostas.

1. Quais figuras geométricas você reconhece nessa obra? Anote o nome de algumas delas.

_____
_____
_____
_____

86

2. Quais são as cores que você reconhece nessa tela?

3. Dê um outro título para essa obra.

Mãos à obra

Que tal colorir com giz de cera, como você quiser, as partes em branco da obra *Castelo e sol*? Esse tipo de atividade artística é chamado de intervenção.

Música inspirando outras artes

Alguns artistas se inspiram em músicas e canções para criar suas obras de arte.

O artista russo Wassily Kandinsky usou a música como inspiração para criar muitas de suas pinturas.

Kandinsky também usou linhas e elementos geométricos em suas criações.

Wassily Kandinsky. *Composição número 8*, 1923.
Óleo sobre tela, 140 x 201 cm.
Museu Solomon R. Guggenheim, Nova York, EUA.

As linhas e as figuras geométricas dessa obra foram empregadas pelo artista para representar uma paisagem.

Os triângulos grandes representam montanhas. O círculo do lado esquerdo, no alto da tela, simboliza o sol.

Nessa tela, Kandinsky procurou corresponder as cores a sons e silêncios. Para o pintor, a cor preta significava silêncio, a cor laranja indicava o som de vozes masculinas, e a cor amarela, o som de instrumentos musicais de sopro.

Converse com os colegas. Depois, registre suas respostas.

Jogo
Padrões com formas e cores

1. Que tipos de linha e de figura geométrica há na tela de Kandinsky?

☐ Círculo.
☐ Retângulo.
☐ Linha reta.

☐ Triângulo.
☐ Quadrado.
☐ Linha inclinada.

☐ Linhas verticais e horizontais.
☐ Linha curva.
☐ Linha ondulada.

2. Você gostou dessa tela? Explique sua resposta.

3. Que tal se inspirar em uma música de que você gosta para produzir um desenho usando linhas e figuras geométricas?

De olho na imagem

Observe como o artista plástico brasileiro Dionísio Del Santo trabalhava com linhas e figuras em suas obras.

Dionísio Del Santo. *Cena silvestre*, 1970. Serigrafia sobre papel, 81,5 x 61,5 cm. Museu de Arte do Espírito Santo Dionísio Del Santo, Vitória (ES).

Converse com os colegas. Depois, registre suas respostas.

1. Assinale o nome das figuras geométricas e das linhas que você identifica nessa obra.

☐ Círculo.   ☐ Retângulo.

☐ Triângulo.   ☐ Quadrado.

☐ Linha inclinada.   ☐ Linha reta.

2. O que o artista retratou na obra com essas figuras geométricas e linhas?

_____
_____
_____
_____
_____
_____
_____

3. Essa obra de Dionísio Del Santo também apresenta imagens estilizadas, como na tela *Castelo e sol*, de Paul Klee? Por quê?

_____
_____
_____
_____
_____

Conheça o artista

Dionísio Del Santo nasceu em 1925, no Espírito Santo.

Sua carreira artística teve início quando ele se mudou para o Rio de Janeiro, aos 26 anos de idade. Foi desenhista, pintor e gravurista.

Era apaixonado pelas figuras geométricas, que empregou em muitas de suas obras.

Faleceu em 1999.

Para fazer com os colegas

A obra *Vila-R*, do pintor Paul Klee, foi inspirada na pequena vila onde ele nasceu, na Suíça.

Observem a variedade de cores e de figuras usadas pelo artista.

Paul Klee. *Vila-R*, 1919. Óleo sobre cartão, 26 x 22 cm. Museu de Arte da Basileia, Basileia, Suíça.

Agora, que tal produzir uma pintura coletiva? Reúna-se com os colegas e inspirem-se na obra de Paul Klee para retratar a escola onde vocês estudam.

Para isso, vejam algumas indicações de como desenvolver essa tarefa.

1. Vocês podem utilizar os materiais a seguir:
   - um pedaço grande de papel *kraft*;
   - fita adesiva;
   - pincéis;
   - guache de várias cores;
   - recipientes de plástico com água;
   - papel absorvente;
   - lápis preto;
   - folhas de papel sulfite.

> **Ouça as pessoas com respeito e atenção!** Preste muita atenção no que os outros dizem.

2. Pensem na escola em que estudam e na rua onde ela está localizada. Quais características vocês consideram interessante destacar?
3. Conversem para escolher o que vão desenhar. Precisa ser o que a maioria escolher.
4. Desenhem em papel sulfite um prédio ou um detalhe que vocês escolheram representar.
5. Passem esses desenhos a lápis para o papel *kraft*. Cada aluno pode fazer uma parte do desenho.
6. Pintem o desenho que fizeram no papel. A pintura deve ser feita por todos.
7. Quando a pintura coletiva estiver pronta e seca, colem-na em um mural da escola para que todos possam apreciá-la.
8. Anotem em uma folha de sulfite o título que escolheram para a obra e o nome e a classe de vocês para que todos saibam quem são os autores da pintura. Colem essa folha abaixo da pintura.

Vamos ler

- **O teatro de sombras de Ofélia**
  Michael Ende.
  São Paulo: Ática, 2005.

  Esse livro conta a história de Ofélia, uma velhinha que, nas sombras, encontra companhia e amizade para enfrentar a solidão.

- **Fantoches, bonecos articulados e Cia. de papel e cartolina**
  Ingrid Moras.
  São Paulo: Paulinas, 1998.

  Esse livro mostra como fazer fantoches e bonecos articulados.

- **Mamãe é um lobo!**
  Ilan Brenman.
  São Paulo: Brinque Book, 2010.

  Esse livro conta a história de Isabela, uma menina que descobre que pode fazer teatro em qualquer lugar. Ela pede aos pais que encenem, na sala de casa, a história de Chapeuzinho Vermelho. No que dará essa trama?

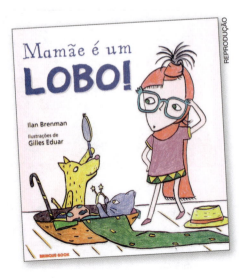

- **Meu bairro é assim**
  César Obeid.
  São Paulo: Moderna, 2016.

  Esse livro pode fazer o leitor refletir sobre os lugares de que gosta, os passeios que faz a pé pela vizinhança, as características das ruas do bairro, os nomes engraçados ou curiosos e muito mais.

- **Meu bairro – pessoas e lugares**
  Lisa Bullard.
  São Paulo: Hedra, 2012.

  Esse livro conta a história de Lili, que vai mostrar o bairro ao novo vizinho dela. No passeio, os dois conhecem muitas coisas novas.

- **História de uma linha**
  Silvana Beraldo Massera.
  São Paulo: Quatro Cantos, 2015.

  Esse livro conta a história de um dia na vida de uma linha. Ela quer ir para lugares diferentes e também mudar tudo o que está ao redor dela.

- **Érica e os girassóis**
James Mayhew.
São Paulo: Moderna, 2002.

Essa é uma verdadeira aventura em um museu de arte. Tudo começa quando Érica, uma garota cheia de imaginação, tenta pegar algumas sementes de girassol de um quadro de Van Gogh. A menina de uma pintura ao lado sai da tela e quer ajudá-la, mas tudo se complica quando um cachorrinho entra na história.
Você vai se divertir com o livro e aprender coisas novas nesse passeio ao museu.

- **As cores de Van Gogh**
Claire Merleau-Ponty.
São Paulo: Companhia das Letrinhas, 2008.

O artista Vincent van Gogh morreu sem ver sua arte reconhecida como é atualmente. Ele pintou 879 quadros, que posteriormente se tornaram extremamente famosos. Esse livro apresenta aos leitores vários desses quadros e muita informação sobre o artista e a época em que ele viveu.

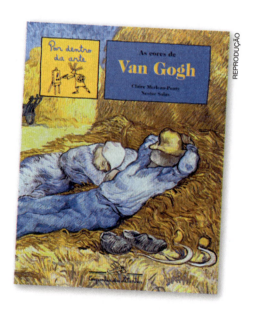

- **Tem sempre um diferente**
Texto de Blandina Franco,
Ilustrações de José Carlos Lollo.
São Paulo: Salamandra, 2012.

Um livro com ilustrações muito divertidas, mostrando que há sempre um que se torna diferente entre todos os outros iguais. Com personagens do mundo animal, os autores ajudam o leitor a refletir sobre a questão da pluralidade cultural e do respeito à diversidade.

- DESTAQUE ESTA FOLHA PARA A **CORRIDA DE CANETAS**, NAS PÁGINAS 4 E 5.

PISTA DE CORRIDA 1

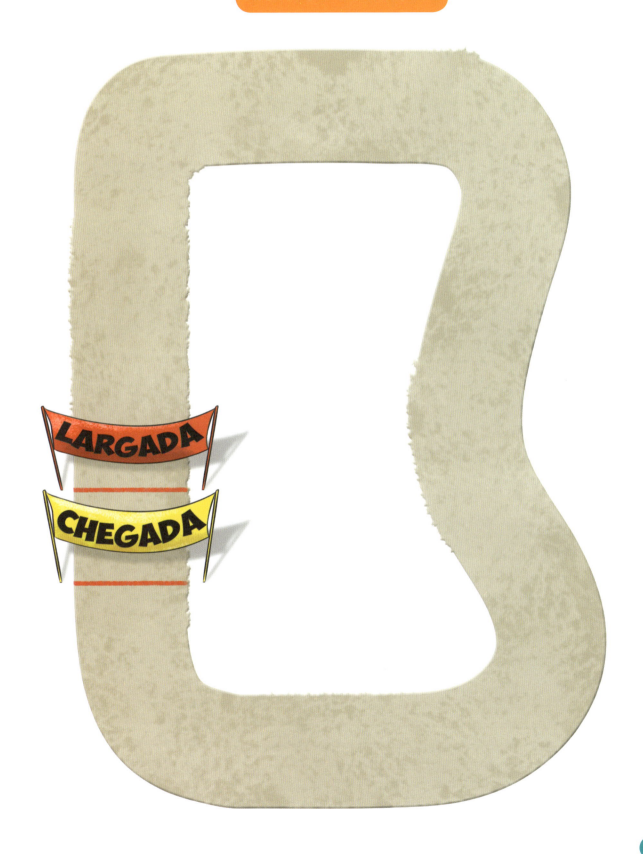

97

PISTA DE CORRIDA 2

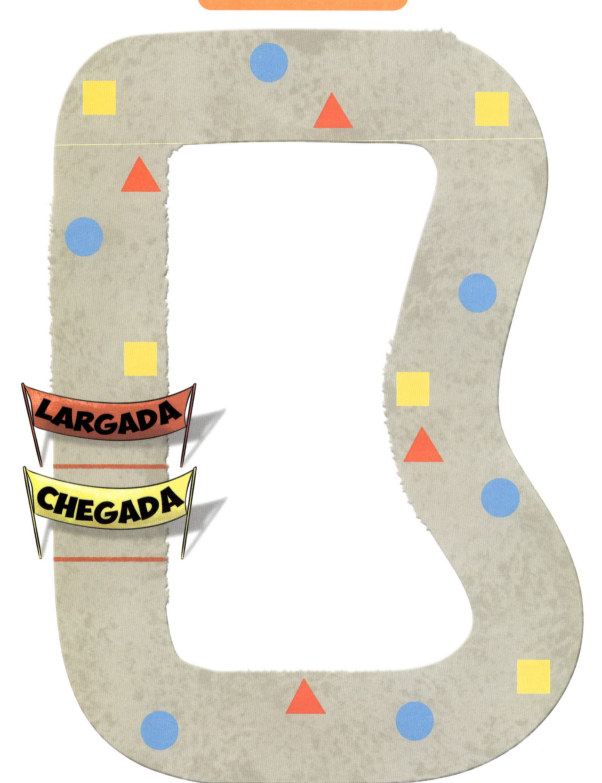

- DESTAQUE ESTA FOLHA PARA A **CORRIDA DE CANETAS**, NAS PÁGINAS 4 E 5. PARA AS PISTAS 3 E 4, VOCÊ E UM COLEGA CRIAM AS REGRAS.

PISTA DE CORRIDA 3

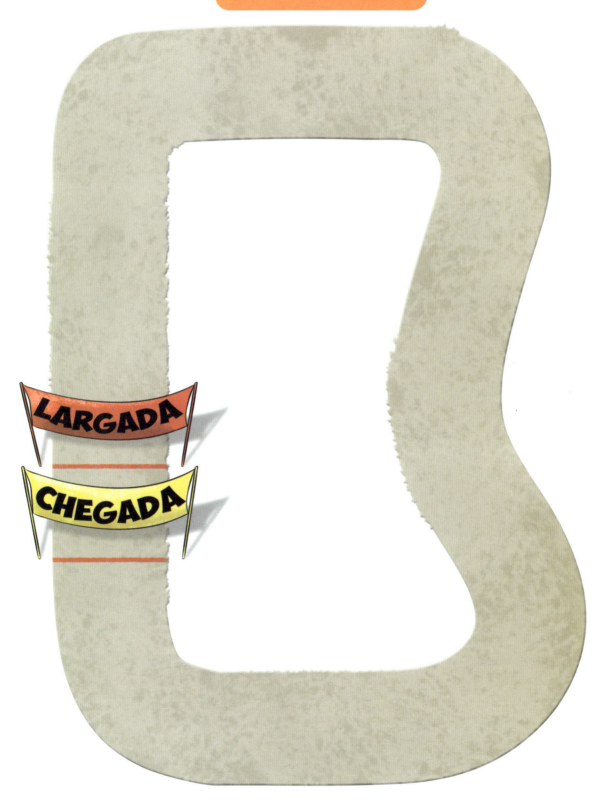

PISTA DE CORRIDA 4

• DESTAQUE PARA A ATIVIDADE NA PÁGINA 32.

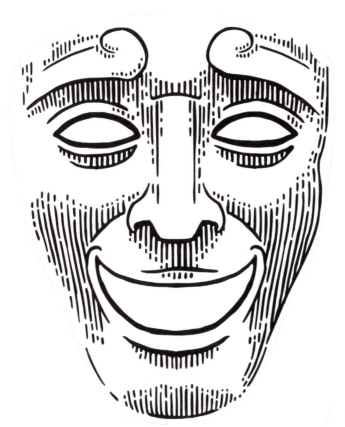

• DESTAQUE PARA A ATIVIDADE NA PÁGINA 48.

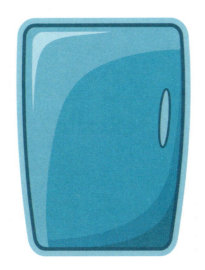

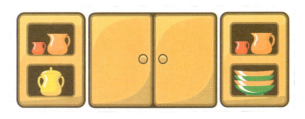

• DESTAQUE PARA A ATIVIDADE NA PÁGINA 61.